Siglo XXII:

EL FUTURO DEL ESPACIO

Stephanie Paris

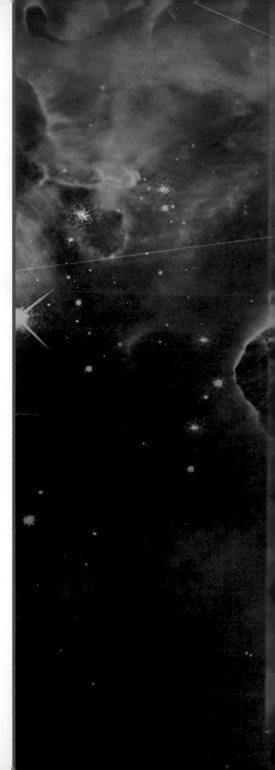

Consultores

Timothy Rasinski, Ph.D.
Kent State University

Lori Oczkus
Consultora de alfabetización

Basado en textos extraídos de
TIME For Kids. TIME For Kids y el logotipo
de *TIME For Kids* son marcas registradas
de TIME Inc. Utilizados bajo licencia.

Créditos de publicación

Dona Herweck Rice, *Jefa de redacción*
Conni Medina, *Directora editorial*
Lee Aucoin, *Directora creativa*
Jamey Acosta, *Editora principal*
Lexa Hoang, *Diseñadora*
Stephanie Reid, *Editora de fotografía*
Rane Anderson, *Autora colaboradora*
Rachelle Cracchiolo, *M.S.Ed.,*
    Editora comercial

Teacher Created Materials

5301 Oceanus Drive
Huntington Beach, CA 92649-1030
http://www.tcmpub.com
ISBN 978-1-4333-7134-9
© 2013 Teacher Created Materials, Inc.

TABLA DE CONTENIDO

EL FUTURO DEL ESPACIO

En las películas, los humanos frecuentemente exploran el espacio sideral. Viajan más rápido que la velocidad de la luz. Aterrizar en planetas extraños y encontrarse con **extraterrestres** es parte de la vida cotidiana.

En la vida real, la tecnología es limitada. Pero los científicos están buscando planetas **habitables**. Están buscando indicios de **vida inteligente**. Y están trabajando para acelerar los viajes espaciales, de modo que podamos desplazarnos a mayores distancias. Pero deben ocurrir tres cosas antes de que podamos viajar al espacio sideral como lo hacen en las películas. Primero, necesitamos viajar mucho más rápidamente. Pero no podemos ir muy lejos sin combustible. Y el combustible es pesado. De alguna manera, tenemos que ser capaces de recorrer largas distancias sin quedarnos sin combustible. Y finalmente debemos transmitir energía al vehículo espacial una vez que esté en el espacio. Hoy en día, los científicos están concentrados en hacer **descubrimientos** sobre estos tres problemas.

PARA PENSAR

- ¿Qué descubrimientos tecnológicos nos ayudarán a viajar a grandes distancias en el espacio?

- ¿Qué nuevas tecnologías nos ayudarán a construir mejores vehículos espaciales?

- ¿Qué encontraremos cuando viajemos al espacio en el siglo XXII?

Es difícil predecir lo que pasará. ¡Ni siquiera la Administración Nacional de Aeronáutica y del Espacio (NASA) planifica con más de 30 años de anticipación! Pero todas las ideas contenidas en este libro están basadas en la ciencia real. La vida de hoy en día es muy diferente a la de hace cien años. Y es difícil saber qué pasará en los próximos cien años. Algo es seguro. Mucho de lo que hoy es ciencia ficción será una realidad mañana.

HASTA DÓNDE HEMOS LLEGADO

La sonda espacial Voyager 1 ha viajado más lejos que cualquier otra nave espacial proveniente de la Tierra. Tardó alrededor de 20 años en alcanzar la frontera de nuestro sistema solar.

Voyager 1

¿CÓMO DE LEJOS ES LEJOS?

Un año luz equivale a la distancia que recorre la luz en un año, alrededor de 5.8 billones de millas.

Próxima Centauri

a 4.2 años luz de distancia de la Tierra

la Luna

a 0.0000000406 años luz de distancia del Sol

el Sol

a 0.000016 años luz de la Tierra

NUEVA TECNOLOGÍA

Los nuevos inventos pueden ser simples o complejos. Pero los mejores nos hacen la vida más fácil. Nos permiten hacer cosas que antes no podíamos hacer. En la actualidad ya no solo dependemos de los telescopios para conocer el espacio. Ahora podemos enviar cohetes al espacio. Podemos hacer que los robots aterricen en planetas distantes. Los seres humanos pueden vivir en estaciones espaciales. Y esto es solo el comienzo.

La nueva tecnología viene de las nuevas ideas. Casi todos los inventos requieren creatividad. Se pueden cometer errores. Pero también habrá aciertos. Los científicos están fusionando la tecnología actual con la imaginación. ¡Quieren inventar una tecnología que parezca de otro mundo!

LOS FUTURISTAS

Los **futuristas** son personas que toman lo que sabemos hoy y tratan de imaginar adónde nos podrá llevar en el futuro. Por supuesto que no todo lo que imaginan se vuelve realidad. Pero sus ideas suelen hacer que las investigaciones avancen.

PREDICCIONES PASADAS

En el pasado, los futuristas predijeron que hoy tendríamos:

automóviles voladores

dinero electrónico

máquinas del tiempo

píldoras de inteligencia

computadoras en todas las casas

compras por computadora

ciudades en el cielo

órganos humanos artificiales

¿Cuáles de estas predicciones se han hecho realidad hasta ahora?

ROBONAUTAS

Los ingenieros construyen robots para explorar lugares que son demasiado peligrosos para los astronautas hoy en día. Pueden ir más lejos y más rápido que los humanos. Algunos robots toman fotografías de los planetas mientras pasan volando. Algunos tienen ruedas para desplazarse por la superficie de un planeta y recopilar **datos**. Los robots han explorado Marte, Venus, Júpiter y la Luna.

La NASA está construyendo robots que se parezcan a las personas. Los llaman *robonautas*. Estos robots tienen manos que se mueven como las manos humanas. Algunos futuristas predicen que los robots parecidos a los humanos estarán programados para pensar, moverse y actuar como nosotros. Los científicos creen que los robots similares a los humanos se usarán tanto en la Tierra como en el espacio.

LA PRUEBA DE TURING

En la década de 1950, el científico de la computación Alan Turing propuso una forma de juzgar la **inteligencia artificial (IA)**. Sugirió que una persona le hiciera preguntas a una computadora y a otro ser humano. Si el interrogador era incapaz de identificar cuál era cuál, entonces la computadora había pasado la prueba y se la consideraría inteligente. (Debido a que la voz de la computadora sería demasiado obvia, tanto el ser humano como la computadora se comunicaban mediante un texto escrito en una pantalla).

IA

Las personas están fascinadas por la idea de la inteligencia artificial. Esto se refiere a la forma en que "piensan" las máquinas. No están vivas, pero pueden aprender información nueva y tomar decisiones.

el explorador de Marte: Curiosity

De los 450 astronautas que han viajado al espacio, 45 de ellos han muerto durante sus misiones. En el futuro, los robots serán capaces de ayudar a salvar vidas.

¡MÁS EN PROFUNDIDAD!

LAS TRES LEYES DE LA ROBÓTICA

Los futuristas y el autor Isaac Asimov desarrollaron las tres leyes de la robótica en 1942. Estas leyes están diseñadas para hacer que el trabajo con robots sea lo más acertado posible.

I

Un robot no puede herir a un ser humano o, mediante su inacción, permitir que un ser humano sufra algún daño.

ROBOTS EN MARTE

El explorador Curiosity aterrizó en Marte en 2012. El robot está equipado con cámaras que enviarán imágenes de zonas de Marte que nunca han sido exploradas. También incluye muchas herramientas diseñadas para ayudar a los científicos a buscar indicios de vida extraterrestre.

2

Un robot debe obedecer las órdenes que le son dadas por los humanos, excepto cuando dichas órdenes entren en conflicto con la Primera Ley.

3

Un robot debe proteger su propia existencia siempre y cuando dicha protección no entre en conflicto con la Primera o la Segunda Ley.

TECNOLOGÍA DIMINUTA

¿Has visto alguna vez un replicador en una película de ciencia ficción? Estas máquinas pueden crear casi cualquier cosa a partir de la nada. Parece imposible, ¿no? Los futuristas no están tan seguros.

Actualmente estamos aprendiendo sobre la **nanotecnología**. La capacidad de construir cosas a partir de las moléculas y los átomos es una posibilidad emocionante. Los científicos están intentando construir una nave espacial **transformable** a través de la nanotecnología. Este tipo de nave podría cambiar de forma mientras vuela. Estas aeronaves quemarían menos combustible, volarían durante más tiempo y cambiarían fácilmente de dirección. Podrían adoptar la forma que funcionara mejor en las diferentes áreas del espacio.

¿Qué pasaría si pudiéramos volvernos más pequeños? ¿Y si pudiéramos trabajar con partes de átomos? La **femtotecnología** nos permitirá construir los átomos que necesitemos desde cero. Con ella, ¡podríamos crear casi cualquier cosa de la nada!

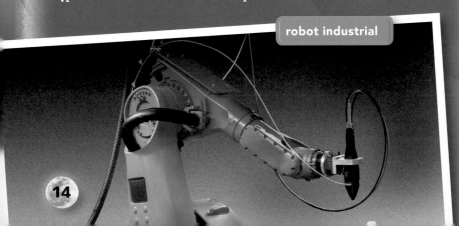

robot industrial

14

SOLO PÍDELO

Las impresoras 3D son máquinas que pueden escanear una herramienta u otro objeto y luego reproducirlo. Esto no es ciencia ficción. ¡Es real! Imagina que necesitas otro robot pequeño para que te ayude en tu nave espacial. Tu impresora 3D de a bordo puede hacer uno.

modelo de automóvil de carrera de tamaño nano creado con una impresora 3D

ENERGÍA SOLAR

¿Has visto paneles solares en los tejados de tu ciudad? Se usan para generar energía a partir del Sol. Esta energía pone en marcha nuestras casas y escuelas. Es una forma de energía **renovable**. Con la energía solar, las naves espaciales podrían evitar el transporte de cantidades pesadas de combustible. Y podrían viajar más lejos sin tener que volver a recargar combustible. En lugar de usar combustible, una **nave de vela solar** podría usar pequeñas partículas de luz como energía. Estos **fotones** propulsarían la nave. La velocidad de los fotones podría impulsar la nave y proporcionarle energía.

VELAS SOLARES

Como su nombre indica, las naves con velas solares tendrían grandes velas. ¡Estas velas podrían tener hasta 100 pies de ancho! Estarían hechas de una película muy fina de plástico o aluminio.

aeronave con propulsión solar

Mediante las velas solares, Japón ha logrado enviar exitosamente una nave espacial a velocidades máximas al planeta Venus y más allá.

TELETRANSPORTADORES

La forma más rápida de ir de un lugar a otro puede ser el **teletransporte**. Los científicos están trabajando para mover la materia más rápido de un lugar a otro. Una máquina puede reducir nuestro cuerpo a pequeñas partículas. En menos de un segundo podría enviarte a la escuela, donde volverías a tu forma normal. Los futuristas creen que, para mediados del próximo siglo, seremos capaces de construir teletransportadores. Los cohetes quedarán **obsoletos**. Para atravesar la **galaxia**, ¡los astronautas simplemente elegirán un planeta y empacarán sus valijas!

"¡TELETRANSPÓRTAME, SCOTTY!"

Star Trek, un popular programa de televisión de la década de 1960, usaba la idea del teletransporte para mover a los miembros de la tripulación hacia adentro y hacia afuera de las naves espaciales. Tras entrar en el teletransportador, el cuerpo de la persona se separaba en átomos hasta que llegaba a su destino. En ese momento, los átomos se volvían a reunir. ¡La ficción podría convertirse en realidad algún día!

TELETRANSPORTE DE FOTONES

En 1998, un equipo de la Caltech University logró teletransportar un fotón a unos pocos pies de distancia. Y, en 2002, un equipo de la Australian National University teletransportó un rayo láser. Los nuevos experimentos están enfocados a teletransportar materia.

ENERGÍA

E=MC^2 quizá sea la fórmula más famosa en el mundo. Una de las cosas que dice es que la energía y la masa son la misma cosa. Una puede transformarse en la otra y viceversa. La transformación es muy poderosa. Un kilogramo de agua podría propulsar un automóvil durante 100,000 años sin parar. Si pudiéramos transformar la materia en energía, ¡tendríamos un suministro ilimitado!

LA ANTIMATERIA

Los nuevos avances en la tecnología de la **antimateria** pueden permitir que las naves espaciales produzcan su propio combustible. La antimateria es lo opuesto a la materia. Es materia con carga negativa. Los científicos han podido producir pequeñas cantidades en los laboratorios. Cuando entra en contacto con la materia, la antimateria transforma toda la masa en energía. Esto podría hacer que cualquier tipo de materia se convirtiera en combustible. Pero, debido a que la antimateria se destruye a sí misma y destruye a otra materia instantáneamente, esto no dura mucho tiempo. Esta es una dificultad que hay que resolver.

Energía

La energía es la capacidad de realizar trabajos y provocar cambios. Puede tener muchas formas y cambia de una forma a otra.

Masa

Es la cantidad de materia que hay en un objeto.

Velocidad de la luz

C representa la velocidad máxima posible en el **universo**, alrededor de 186,000 millas por segundo.

$$E=mc^2$$

Al cuadrado

Elevar un número al cuadrado es multiplicarlo por sí mismo. El gran tamaño de c^2 significa que un pequeño objeto puede producir una enorme cantidad de energía.

Igual

Albert Einstein se dio cuenta de que la energía y la masa están relacionadas.

NUEVOS MUNDOS

Muchos científicos están preocupados por el futuro de la Tierra. Les preocupa el cambio climático y la **superpoblación**. Los futuristas saben que necesitaremos viajar más allá de la Tierra para satisfacer nuestras necesidades. En mil millones de años, el Sol se volverá más caliente. Nuestros océanos comenzarán a secarse. El planeta se volverá inhabitable. ¡Será el momento de cambiar! Ese día llegará antes si los recursos de la Tierra se usan más rápidamente. Pero, si los humanos no pueden vivir en la Tierra, ¿dónde podrán vivir?

"Nuestra única posibilidad de supervivencia a largo plazo no es concentrarnos en el planeta Tierra, sino diseminarnos en el espacio".

— el astrofísico Stephen Hawking, en un discurso en 2010

No hay mejor lugar que el propio hogar

Los seres humanos son como Ricitos de Oro. Nuestro hogar no puede ser ni muy caliente ni muy frío. La gravedad no puede ser ni muy fuerte ni muy débil. El aire no puede tener demasiado oxígeno ni demasiado poco. En muchos aspectos, la Tierra es perfecta para los humanos.

La Tierra está a la distancia justa del Sol. El clima no es tremendamente caliente, como en Mercurio, ni gélido, como en Neptuno.

Cerca del 70 % de la superficie de la Tierra está cubierta de agua, un ingrediente que muchos científicos consideran esencial para la vida.

La **atmósfera** del planeta nos protege de los rayos dañinos del Sol y mantiene a la Tierra a una temperatura estable. El aire también permite que las ondas sonoras se desplacen, lo que nos permiten mantener una conversación con otras personas.

EL ASCENSOR ESPACIAL

El mejor lugar para buscar nuevos planetas es el espacio. Una forma de que las personas puedan viajar al espacio podría ser el ascensor espacial. El ascensor usaría la nanotecnología y la IA. Se extendería por miles de millas en el espacio. El ciudadano de a pie podría viajar fácilmente más allá de la atmósfera de la Tierra. Desde allí, podría viajar hasta una estación espacial, la Luna e incluso Marte. El ascensor espacial puede ser la primera parada en la exploración de la galaxia de los seres humanos.

LOS DÓLARES Y EL SENTIDO COMÚN

Un ascensor espacial sería mucho menos costoso que un cohete. En un cohete, enviar una sola libra de material al espacio costaría miles de dólares. Cada viaje en el ascensor costaría miles de dólares menos. Si el viaje es menos costoso, sería posible enviar más materiales al espacio. Con más recursos en el espacio, podrían construirse más naves y estaciones.

"El ascensor espacial se construirá alrededor de 50 años después de que todos dejen de reírse".

—Arthur C. Clarke,
futurista

PRÓXIMA PARADA: ¡LAS ESTRELLAS!

Siéntate y relájate. Estás a bordo de un ascensor espacial conectado a un cable que te está llevando a miles de millas por el espacio. A medida que el ascensor se eleva, miras por la ventana para ver la tierra alejándose debajo de tus pies. Las ciudades comienzan a encogerse. Empiezas a ver los patrones climáticos sobre la tierra y el océano. Y comienzas a notar la curvatura de la Tierra. El azul del cielo se oscurece a medida que tu viaje en ascensor te lleva al espacio exterior. Próxima parada: ¡las estrellas!

GRANDES ESTACIONES ESPACIALES

Hoy en día, la Estación Espacial Internacional (EEI) es el satélite artificial más grande en el cielo. Pero solo unos pocos científicos pueden vivir y trabajar allí al mismo tiempo. En el futuro, las estaciones espaciales podrán ser como enormes ciudades en el cielo. Podrían albergar a los investigadores y a sus familias. Las estaciones espaciales del futuro podrán tener centrales eléctricas avanzadas en sus centros. Probablemente tengan **gravedad artificial**. Esto evitaría que las personas flotaran.

UN ASUNTO GRAVE

Vivir sin gravedad es duro para los cuerpos humanos. Nuestros músculos y huesos están diseñados para funcionar en la Tierra. En el espacio, los astronautas deben ejercitarse durante muchas horas al día para mantener sus músculos tonificados.

El interior de una estación espacial futurista puede incluir grandes ventanas para observar las estrellas.

¡MÁS EN PROFUNDIDAD!

UN ARQUITECTO ESPACIAL

Imagina que tú y tu familia van a vivir en una enorme estación espacial que gira alrededor de la Tierra. Necesitarás gravedad, oxígeno, comida y agua. Pero ¿qué otras cosas hacen falta en un lugar para sentirse como en casa? Piensa acerca del tipo de estación en la que te gustaría vivir. Dibuja un plano o diseño para tu estación espacial. Usa trozos de papel, pajitas, hilo, espuma, arcilla para modelar u otros artículos para que tu diseño cobre vida.

paneles solares

puerto de atraque

dependencias

equipos y suministros de almacenamiento

USA TUS PROPIOS RECURSOS

La vida en el espacio requiere un tipo especial de persona. Los problemas no pueden resolverse yendo a la ferretería. Es necesario que haya ingenieros viviendo en cada estación para que las cosas funcionen. Pero, al igual que los pioneros del pasado, los habitantes del espacio tendrán que servirse de sus propios recursos.

tanques de oxígeno

módulo de mando

laboratorio científico

UNA COLONIA EN LA LUNA

Las estaciones espaciales no serían los únicos lugares donde vivir. La mayoría de los futuristas cree que habrá colonias en la Luna. Estas colonias podrían liberar espacio para el número creciente de personas en la Tierra. Los pioneros podrían vivir en pequeñas ciudades en forma de cúpula. La mayoría de las cosas necesarias se podrían cultivar en la propia Luna. El resto se enviaría desde la Tierra al principio.

En este momento, los científicos tienen la intención de crear pequeñas bases lunares en la Luna. Estas bases ayudarían a los científicos a estudiar cómo sería visitar otros planetas. Y nos informarían sobre lo necesario para las futuras colonias.

Las personas usarían un tren eléctrico de monocarril para desplazarse por la colonia.

Los hijos de los investigadores y miembros de la tripulación podrían asistir a la escuela. Los temas de las clases pueden incluir geografía solar, historia lunar y *USL* (Lenguaje Espacial Universal).

Se utilizarían granjas interiores para cultivar alimentos.

DENTRO DE UNA COLONIA LUNAR

¿Cómo sería la vida dentro de una ciudad lunar? Así es como los futuristas piensan que será una colonia en la Luna.

Una cúpula alta puede contener edificios de 10 pisos.

Una coraza dura serviría para proteger a los residentes de las temperaturas extremas de la Luna y mantener la temperatura.

El agua congelada de la Luna podrá usarse para suministrar a los colonos el **elemento** esencial para la vida.

Los diseños de las casas lunares pueden parecer primitivos pero incluyen muchos elementos de tecnología avanzada.

CONVERTIRNOS EN MARCIANOS

Marte es muy diferente de la Tierra. Pero los futuristas están mirando en dirección a Marte. Con un poco de trabajo, algunos creen que podría transformarse en un lugar adecuado para la vida. La **terraformación** es la práctica de transformar un planeta hostil en un lugar donde puedan vivir los humanos. La tecnología del futuro nos permitiría convertir Marte en un lugar habitable.

Marte es un planeta único, con su propia historia y quizá con su propia vida. Algunas personas creen que estaría mal transformar Marte para volverlo menos marciano. Otras personas creen que puede ser la única forma de que los humanos sobrevivan.

Los científicos han construido ambientes cerrados en la Tierra para evaluar cómo sería vivir en otro planeta.

Un nuevo hogar

Imagínate viviendo en una pequeña habitación con otras tres personas durante años. Los primeros colonos de Marte necesitarán estar listos mental y emocionalmente para atravesar algunos momentos difíciles. Mantener el aire, el agua y las reservas de alimento, así como crear un hogar cómodo, llevará tiempo y hará falta una gran capacidad de resolución de problemas. Y, cuando aparezcan los problemas, ¡todos sabrán que no habrá forma de volver atrás!

La terraformación de Marte requeriría construir lugares para cultivar alimentos y otras plantas.

HACER DE MARTE NUESTRO PLANETA

La terraformación de Marte requeriría cuatro grandes pasos. Los exploradores se concentrarán en crear tres elementos principales: agua, energía y vida.

Paso 1

Transformar la delgada atmósfera actual de Marte con gases producidos por el hombre. Esto ayudaría a proteger la vida de los peligrosos rayos UV. También aumentaría la temperatura del planeta.

Paso 2

Derretir los casquetes polares para producir agua líquida. Esto también produciría gas de dióxido de carbono. Y haría que la temperatura del planeta fuera más cálida.

Paso 3

Llevar vida al planeta para crear un ecosistema.

Paso 4

Finalmente, el aire se volvería respirable para los seres humanos.

¿Cuánto tiempo llevaría la terraformación de Marte? ¡Los cálculos varían desde 50 años a 100 millones de años!

NUEVOS VECINOS

Nuestro sistema solar es solo una pequeña zona de la galaxia de la Vía Láctea. Y la Vía Láctea es solo una de las miles de millones de galaxias en el universo. Los **exoplanetas** orbitan alrededor de las estrellas más allá de nuestro Sol. Si encontramos exoplanetas similares a la Tierra, seremos capaces de colonizarlos o explotarlos. Si encontramos vida en otro planeta, será uno de los descubrimientos más grandes que se hayan realizado. ¿Pero qué significaría esto para la vida en la Tierra?

Los científicos buscan formas de vida en planetas que, al igual que la Tierra, sean rocosos y cálidos, aunque no demasiado calientes, y que tengan agua líquida.

"Existen dos posibilidades: estamos solos en el universo o no lo estamos. Ambas son igualmente aterradoras".

—Arthur C. Clarke

LA VIDA

   Gran parte del desarrollo científico del siglo XXII estará encauzado a buscar vida extraterrestre. Los científicos creen que estas formas de vida tendrán dos cosas en común con nosotros. Necesitarán agua. Hasta hace poco, los científicos pensaban que esta agua tendría que ser líquida. Pero el descubrimiento de bacterias vivas que llevaban congeladas 30,000 años puso en tela de juicio esta idea. Los expertos también esperan que estas formas de vida incluyan el elemento carbono. Esto se debe a que los átomos de carbono forman largas cadenas que son útiles para el desarrollo de los organismos vivos.

> Los átomos de carbono pueden unirse para convertirse en los constituyentes básicos de las formas de vida.

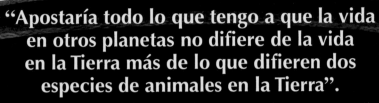

"Apostaría todo lo que tengo a que la vida en otros planetas no difiere de la vida en la Tierra más de lo que difieren dos especies de animales en la Tierra".

—Neil deGrasse Tyson, astrofísico

¿AMIGO O ENEMIGO?

Si otras formas de vida inteligente vinieran a la Tierra, ¿serían amistosas? Algunos científicos creen que, si una civilización extraterrestre viniera a la Tierra, lo haría para obtener nuestros recursos. Otros piensan que podríamos aprender mucho de unos seres tan desarrollados.

DEFINIR LA VIDA

¿Qué es la vida? Muchas grandes mentes han intentado encontrar una definición precisa, pero todas las definiciones tienen algún problema. Nadie parece estar de acuerdo. Sin embargo, si una raza extraterrestre llegara en una nave espacial y nos saludara, la mayoría de las personas la llamaría "vida inteligente". El científico Carl Sagan hizo una lista de cinco propiedades necesarias para la vida. Cada una de ellas tiene un problema. Pero cuando las unimos, describen la vida tal como la conocemos.

Genes

La vida usa **genes** para transmitir información.

pero

Un virus de computadora puede estar diseñado para transmitir información. ¿Está vivo?

Física

La vida es cualquier cosa que pueda actuar. Comer, moverse, respirar, crecer y responder son acciones.

pero

¿Eso quiere decir que un automóvil en movimiento está vivo?

Energía

La vida consume energía para existir.

pero

¿Una bombilla que usa energía está viva?

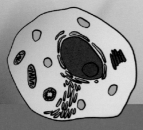

Orden

La vida está contenida en un lugar. Aumenta el orden.

pero

Las bibliotecas aumentan el orden de los libros. ¿Esto hace que estén vivas?

Química

El ADN se usa para producir la siguiente generación con vida.

pero

Una mula es la cría de un asno y un caballo. No puede reproducirse. ¿Eso significa que no está viva?

FORMAS DE VIDA EXTRATERRESTRES

Cuando piensas en la palabra *extraterrestre*, ¿qué te viene a la mente? ¿Es una criatura si pelo, con piel pálida y grandes ojos negros ovalados? En las películas y los libros, los extraterrestres con frecuencia se parecen mucho a los humanos. Tienen brazos y piernas. Caminan erguidos, como los humanos. Pero no podremos decir qué tipos de alienígenas existen en el universo hasta que los conozcamos. Pueden ser tan pequeños como una peca o tan grandes como un océano. Pueden ser altos y delgados y sin ojos. Pueden volar como aves y tener tentáculos en lugar de ojos.

Los planetas con grandes masas de agua pueden albergar criaturas parecidas a las formas de vida acuática de la Tierra.

Los grandes extraterrestres tipo globo pueden nutrirse de gases que son venenosos para los humanos.

Los planetas con poca luz pueden desarrollar criaturas con grandes ojos para absorber la luz de una estrella distante.

Los planetas con plantas cortas pueden ser el hogar de animales de pastoreo similares a los elefantes o las vacas.

NUEVOS UNIVERSOS

¿Qué es el universo? ¿Qué es el espacio? Estas son preguntas básicas. Sin embargo, siguen siendo las más misteriosas. El universo está formado por estrellas, planetas, materia, luz, energía y tiempo. Lo contiene todo. ¿Pero qué forma tiene? ¿Cómo es de grande? ¿Qué hay entre las cosas? ¿Cómo comenzó? ¿Y cómo va a terminar? Los científicos tienen teorías que explican algunas de estas cosas. Pero nadie sabe nada con seguridad.

MULTIVERSO

Algunos científicos creen
que nuestro universo puede
ser solo uno de muchos universos.
Estos universos pueden chocar unos
con otros con bordes que se conectan,
como las burbujas. Incluso podría ser
posible viajar entre ellos. Pero las
reglas de otros universos pueden
no ser como las del nuestro. La
gravedad podría expulsar en lugar
de atraer. ¡Y arriba podría
ser abajo!

**"Que tu alma permanezca en
calma y serena frente a un millón
de universos".**
—Walt Whitman, poeta

MUNDOS PARALELOS

Hay muchas teorías que han llevado a los científicos a preguntarse si existen los **universos paralelos**. Una teoría sostiene que siempre que tenemos que hacer una elección, todas las elecciones que podrían hacerse se realizan. Si esto es así, cada vez que tomamos una decisión, el mundo cambia y un nuevo universo se separa del nuestro. Se crea una nueva realidad y se eligen ambas opciones. Las diferencias pueden ser realmente pequeñas, como cuando decides vestir una camisa roja en lugar de una camisa verde. O pueden ser enormes: ¿qué habría pasado si el asteroide que mató a los dinosaurios no hubiera chocado con la Tierra? ¿Habrían evolucionado los humanos?

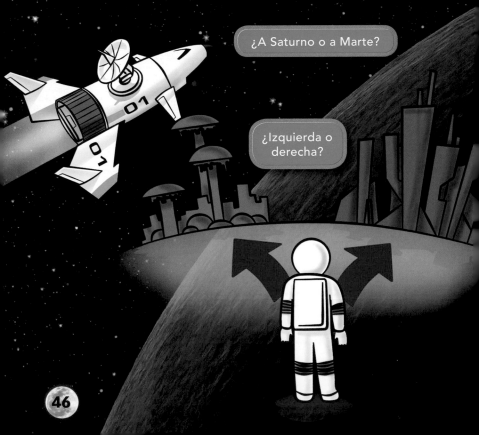

¿A Saturno o a Marte?

¿Izquierda o derecha?

¡ALTO! PIENSA...

- ¿Crees que existen los universos paralelos?

- ¿Cómo podrían los científicos comprobar esta teoría?

- Si existen versiones múltiples de ti mismo, viviendo múltiples vidas, ¿sería alguno de ellos el verdadero tú?

MÁS DIMENSIONES

La altura, el ancho y la profundidad son dimensiones conocidas. Nos dicen dónde se encuentra un objeto. El tiempo puede considerarse otra dimensión. Nos dice *cuándo* ocurre algo. Pero los científicos creen que puede haber más dimensiones. Estas pueden ser tan pequeñas que solo existirían a nivel subatómico. Si pudiéramos viajar a una nueva dimensión, podríamos encontrar un mundo completamente diferente.

SIGUE CONTANDO

Los científicos creen que puede haber seis o siete dimensiones más. ¡Esto significa que podría haber nada más y nada menos que 11 dimensiones en total! Una teoría dice que están todas enrolladas unas encima de otras. Por eso sería muy difícil para nosotros encontrarlas.

PRUÉBALO

Es difícil imaginar múltiples dimensiones. Ni siquiera los expertos saben cómo serían 11 dimensiones. Pero una forma de comenzar es visualizar un triángulo. Ahora imagina que lo empujas hacia atrás. Desde este ángulo, parece una línea recta. ¿Qué sucede si lo giras hacia un lado? Verás que es una pirámide. Si lo miras desde una determinada perspectiva, no podrás ver su verdadera forma.

línea
una dimensión

triángulo
dos dimensiones

pirámide
tres dimensiones

AGUJEROS NEGROS

Los **agujeros negros** son uno de los objetos más misteriosos del espacio. Los científicos no los comprenden. Pero saben que existen. Se forman cuando las estrellas grandes mueren. Los agujeros negros más pequeños tienen varias veces el tamaño del Sol. Los astrónomos creen que hay un agujero negro en el centro de cada galaxia.

Los científicos quieren saber más acerca de estos extraños lugares. Pero viajar cerca de un agujero negro presenta un problema. La gravedad es tan fuerte en estas zonas que lo atrae todo hacia el interior del agujero negro. ¡Ni siquiera la luz puede escapar!

Según la forma del universo, los agujeros negros pueden permitirnos viajar a grandes distancias. Incluso pueden llevarnos a universos totalmente nuevos. La verdad es que nadie sabe lo que hay del otro lado de un agujero negro.

VECINOS SUPERMASIVOS

En 2011, los investigadores encontraron dos agujeros negros supermasivos a aproximadamente 300 millones de años luz de la Tierra. El más grande de los dos puede ser el agujero negro de mayor tamaño que se ha descubierto hasta ahora. Se cree que es 21 mil millones de veces más masivo que nuestro Sol.

PUNTO DE INFLEXIÓN DEL AGUJERO NEGRO

Una vez que algo cruza el **horizonte de sucesos**, no puede escapar de la atracción de la gravedad.

Hay una **singularidad** en el centro de todos los agujeros negros. Allí es donde se junta toda la masa que ha sido absorbida hacia adentro.

Los científicos creen que las singularidades de los agujeros negros tienen gravedad infinita. ¿Cómo puede ser posible? Este es uno de los misterios que quieren resolver.

Tal como lo sugiere su nombre, un agujero negro es negro. Nada —ni siquiera la luz— puede escapar de un agujero negro.

AGUJEROS DE GUSANO

Los científicos usan las matemáticas para saber acerca de zonas del universo que todavía no han sido exploradas. Las matemáticas parecen decir que habría formas de recorrer grandes distancias rápidamente. Una forma podría ser a través de un **agujero de gusano**. Un agujero de gusano es una especie de túnel en el espacio. Es un atajo que acerca la distancia entre dos lugares y períodos de tiempo diferentes. Los científicos están estudiando si existe la forma de construir un agujero de gusano. Algunos creen que podría ser posible usar los agujeros de gusano para viajar por el espacio. Pero otros creen que son como los agujeros negros. Una vez dentro, ¡no hay forma de regresar!

EN TODAS PARTES

Algunos científicos sugieren que hay agujeros de gusano formándose constantemente a nuestro alrededor. Son tan pequeños que no podemos verlos.

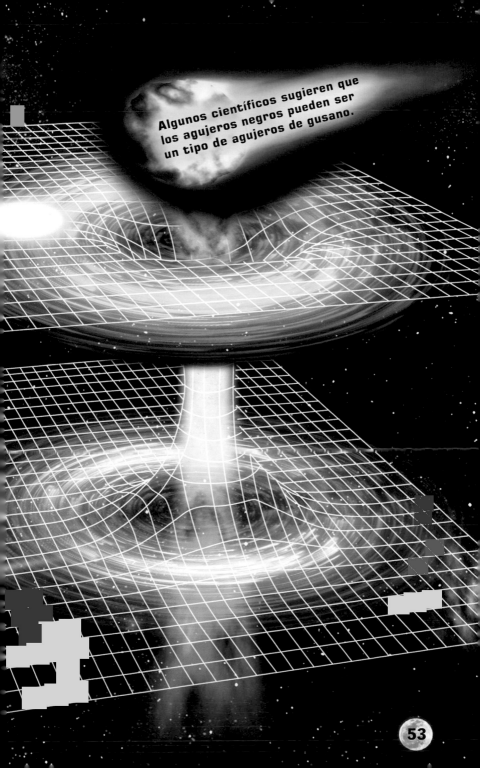

Algunos científicos sugieren que los agujeros negros pueden ser un tipo de agujeros de gusano.

EL FUTURO ES NUESTRO

Nos esperan descubrimientos emocionantes en el siglo XXII. ¿Llevará un ascensor espacial a las personas a la Luna? ¿Quién será la primera persona en vivir en Marte? Solo podemos adivinar lo que sucederá en los viajes espaciales del futuro. Pero ahora es el momento de investigar y planificar nuevas tecnologías. ¿Qué te gustaría explorar del espacio? ¿Qué nuevas tecnologías te gustaría ver? Algunos futuristas creen que algunas personas que están vivas hoy en día vivirán 200 años. ¡Puede ser posible que tú vivas para ver lo que pasará en el futuro del espacio!

LA PRÓXIMA FRONTERA

Todavía no sabemos lo que pasará en el siglo XXII. Pero los futuristas tienen muchas ideas. ¿Qué crees que lograremos a continuación? ¿Qué crees que encontraremos mientras continuamos nuestra exploración espacial? ¿Te gustaría añadir otros acontecimientos a los que se muestran a continuación?

¿2110?

Comienza la terraformación de Marte.

¿2120?

El Ascensor Espacial Internacional comienza a llevar pasajeros fuera de nuestra atmósfera.

¿2100?

Las naves de vela se usan habitualmente para viajar por el sistema solar.

???

¡Los seres humanos encuentran vida extraterrestre inteligente!

¿2190?

El teletransporte de los seres humanos de un lugar a otro se generaliza.

¿2170?

Se desarrollan centrales eléctricas con tecnología de antimateria.

¿2160?

¡Las primeras personas en cumplir 200 años lo celebran con 8 generaciones de descendientes!

¿2150?

Las personas pueden viajar a los sistemas de estrellas cercanos por primera vez.

¿2140?

Pueden teletransportarse grandes objetos fijos.

¿2130?

Se termina la terraformación de Marte. Comienzan a llegar los colonizadores.

GLOSARIO

agujero de gusano: objeto que podría existir y actuar de túnel para conectar dos puntos que están muy separados en el espacio y el tiempo

agujeros negros: objetos con tanta masa que han colapsado sobre sí mismos y absorbido todas las cosas de su campo gravitatorio, incluida la luz

antimateria: opuesto a la materia; materia con carga negativa

atmósfera: gases que rodean un planeta

datos: información

descubrimientos: avances repentinos en el conocimiento o la técnica

elemento: una de las piezas básicas que forman los objetos del universo

exoplanetas: planetas que orbitan en torno a una estrella distinta del Sol

extraterrestres: seres que provienen de otro mundo o viven en él

femtotecnología: capacidad de crear átomos específicos a partir de partículas subatómicas

fotones: partículas de energía, normalmente de luz

futuristas: personas que estudian e imaginan cómo será el futuro

galaxia: enorme sistema de estrellas conectadas por gravedad

genes: unidades en las que se transmiten los rasgos de padres a hijos

gravedad artificial: fuerza creada por el hombre que imita la gravedad

habitables: apto para la vida

horizonte de sucesos: lugar del agujero negro a partir del cual un objeto no puede escapar a la atracción que este ejerce

inteligencia artificial (IA): poder de una computadora de imitar el comportamiento humano y tomar decisiones

nanotecnología: capacidad de construir objetos con átomos y moléculas individuales

nave de vela solar: nave espacial propulsada por fotones

obsoletos: que han dejado de usarse porque los ha sustituido algo nuevo

renovable: capaz de ser repuesta de forma natural

singularidad: bola de materia sumamente densa en el centro de un agujero negro

superpoblación: hecho de que haya demasiados organismos viviendo en una zona determinada

teletransporte: mover cosas de un lugar a otro en un instante

terraformación: transformación de un planeta que no era apto para la vida inicialmente para que lo sea

transformable: que cambia de forma

universo: todo lo que se conoce o se supone que existe

universos paralelos: realidades alternativas; universos que pueden existir fuera del nuestro

vida inteligente: criaturas con una serie de características que indican que están vivas y son conscientes de su entorno

ÍNDICE

BIBLIOGRAFÍA

Bridgman, Roger Francis. *DK Eyewitness Books: Robot.* **DK Children's Publishing, 2004.**

Explora el mundo de los robots desde el interior del aula y los hospitales hasta los laboratorios y el espacio exterior. Este libro incluye un capítulo con las predicciones de los científicos sobre lo que podrán hacer los robots en el futuro.

Close, Frank. *Antimatter.* **Oxford University Press, 2010.**

Explora un extraño mundo en espejo donde todo tiene las propiedades opuestas a la materia del mundo conocido. La antimateria no es solamente algo de la ciencia ficción y este libro cuenta por qué nos puede ayudar a resolver los misterios del universo.

Greathouse, Lisa. *Astronomers Through Time.* **Teacher Created Materials, 2008.**

Aprende cómo las personas comenzaron a descubrir el universo. Desde Nicolás Copérnico hasta los grandes pensadores actuales de la NASA, los científicos cambian la forma en que vemos el universo y nuestro lugar en él.

Skurzynski, Gloria. *This Is Rocket Science: True Stories of the Risk-Taking Scientists Who Figure Out Ways to Explore Beyond Earth.* **National Geographic Society, 2010.**

¡Prepárate para lanzar tu imaginación hacia el espacio exterior! Este libro recoge la historia y el futuro de los viajes espaciales. Aprenderás acerca de sorprendentes nuevas tecnologías, incluyendo los ascensores espaciales, las velas solares y la propulsión iónica.

Spangenburg, Ray y Kit Moser. *Onboard the Space Shuttle.* **Franklin Watts, 2002.**

¡Averigua cómo es la vida en el espacio! Este libro se centra en la vida diaria de los astronautas e incluye un capítulo sobre las estaciones espaciales para que puedas preparar tu vida futura en el espacio.

MÁS PARA EXPLORAR

Antimatter Orbiting Earth

http://news.nationalgeographic.com/news/2011/08/110810-antimatter-belt-earth-trapped-pamela-space-science/

Lee un artículo acerca de un cinturón de antimateria recientemente descubierto que orbita alrededor de la Tierra.

Black Holes

http://www.kidsastronomy.com/black_hole.htm

Explora los agujeros negros en KidsAstronomy.com. Puedes ver un vídeo de un agujero negro animado para aprender sobre las singularidades y los horizontes de sucesos.

Carbon Nanotubes

http://www.news.discovery.com/carbon-nanotubes/

Aquí puedes ver un vídeo acerca de las ventajas y desventajas de la nanotecnología. También podrás leer sobre cómo los nanotubos de carbono están cambiando al mundo.

Dark Energy, Dark Matter

http://www.science.nasa.gov/astrophysics/focus-areas/what-is-dark-energy/

Aprende acerca de la energía oscura y la materia oscura en el sitio web de *NASA Science*. Lee sobre los descubrimientos recientes en estos misteriosos campos.

Satellite Flybys

http://www.spaceweather.com/flybys/

Introduce tu código postal para enterarte de qué satélites están volando sobre tu zona. Quizá puedas ver la Estación Espacial Internacional (EEI), ya que es más brillante que Venus y tarda cinco minutos en cruzar el cielo.

Stephanie Paris se crió en California. Recibió su licenciatura en psicología en UC Santa Cruz y sus credenciales de docente en CSU San José. Ha sido docente de aula de la escuela primaria, docente de computación y tecnología de la escuela primaria, madre que imparte educación en el hogar, activista educativa, autora educativa, diseñadora web, *blogger* y líder de las *Girl Scouts*. ¡La señora Paris adora la exploración! Le encantaría poder explorar el espacio. Mientras tanto, vive en Alemania con su esposo y sus dos hijos.